全国20店舗以上FC展開・年間5000着販売する
オーダースーツ社長が教える
売れる営業マンの着こなし術

今ある スーツを 捨てなさい

株式会社オツク[illegible]ポレーション
代表取締役社長
マグマ小松

はじめに

あなたは今、どこで、どんな服を着て、この本を読んでいるのだろうか。

自宅のソファに寝転がって、ヨレヨレのＴシャツと短パンで缶ビールを片手にくつろいでいる時だろうか。もしくは、外回りの途中に立ち寄った喫茶店でパソコンを開き、仕事をする振りをして休憩している最中だろうか。

そのどちらでもいい。私が今、あなたにしてほしいことは、すぐにこの本を置いて、鏡を見に行くことだ。できれば、全身が映る鏡のほうがいい。喫茶店にいる人は、外に出て、窓ガラスに映った自分の姿を見てほしい。

「なんとなくパッとしない……」「俺ってダサいかも……」

そう思ったなら、おそらく、あなたの仕事もプライベートも「パッとしない」はずだ。

毎日頑張っている割には、仕事で成果が出ず、通帳を見てはため息をつく日々。意中の女性とデートにこぎつけても、2回目ははぐらかされる。たまに寄ってくるのは、食事を奢ってもろくにお礼も言わない女性ばかり。家族がいる人は妻や子どもから、「カッコイイ!」と言われたのはいつだろうか?

一方で、「いやいや、俺はイケてるぞ!」と思った人は、非常にアブナイ。服装も髪型も、自分では「イケてる」と思っていても、ファッションのプロフェッショナルである僕から見れば、その多くは「残念な装い」であることがほとんどだ。

「俺は、お洒落なセレクトショップで、カッコイイ店員に相談してスーツを買っているんだ」という人も、壮大な勘違いをしている可能性が高い。実は、この「オシャレなセレクトショップ」があなたの持つ本来の魅力を潰してしまっているかもしれない。

しかし、そんなあなたたちに、私は「おめでとう」と言いたい。

なぜなら、あなたは、この本を通じて私と出会ったからだ。私なら、あなたと、あなたの「パッとしない」人生を変えることができる。しかも、たった1着のスーツで、だ。

2010年の創業以来、延べ1万人の「ダサい人」を「成功」に導いてきた私、マグマ小松こと小松直哉が断言する。実は、普通の人がお洒落になるのは、そんなに難しいことではない。ウン十万円というお金をかけなくても、ずば抜けたファッションセンスがなくても、お洒落に見せることは可能だ。今、「ダサい」人たちに欠けているのは、お金でもセンスでもなく、「正しい知識」なのだ。

本書では、「どんなスーツを着てもパッとしない自分」「ショップ頼りのビジネスウェア」と決別し、あなた自身が輝くためのスーツを誂《あつら》える方法と着こなしについて紹介していく。スーツの本来の役割を理解し、自分の見せ方を知れば、仕事でもプライベートでも劇的な変化が訪れるはずだ。

お洒落になるのが恥ずかしい？　コンプレックスだらけの自分がお洒落をしても仕方がない？　そんな戯言は、この本を読んでからにしてほしい。

さあ、私とともに、「カッコイイ」自分になるための第一歩を踏み出そう。
カッコイイ人だけが知っている世界を、あなたも見てみたいとは思わないか？
ようこそ、日本一のオーダースーツ店・オックスフォードコーポレーションへ。

株式会社オックスフォードコーポレーション
代表取締役社長　マグマ小松こと小松 直哉

目次

第2章 成功に必要なものは、MBAでも肩書でもない

第3章 ジャケパン＋Tシャツで本当に「いい人脈」が作れるか……071

第4章 プロを断念したサッカー少年が伝説の販売員になるまで……087

第5章 設立2年で年商5億円企業へ成長、目指すは全国制覇

第6章 「お洒落の押し売り」上等。マグマ小松が目指す未来……141

第1章

「ダサい」スーツは、あなたからチャンスを奪っていく

1
うだつが上がらないのは「スーツ」のせい

あなたが初めてスーツを買ったのは、いつ頃だったのだろうか。
慣れないネクタイを締め、かっちりしたジャケットに袖を通したとき、身の引き締まる思いがしたはずだ。どんなスーツであったとしても、これから始まる新しい毎日に胸を躍らせ、自然に背筋が伸びたことだろう。

だが、今はどうだ？　あなたにとって、スーツはただの「作業着」になっていないだろうか。動きやすく、丈夫で、リーズナブルであればいい。職場で悪目立ちせず、客先に失礼がなければ、スーツなんてどこで買っても同じ――。

もし、そんな気持ちで、スーツを選んでいたとしたら、間違いなくあなたは、この先も成功することはない。

ある営業パーソンの例を挙げてみよう。

今、あなたの目の前に、2人の営業パーソンがやって来たとする。2人とも同じ年くらいで、身長も髪型も似ている。しかし、服装には決定的な違いがある。

1人はボディにフィットした濃紺のスーツに白いシャツを合わせ、鮮やかなネクタイをしている。片やもう1人は、だぶついた濃紺のスーツにステッチが入った白いシャツを身に着け、ペラペラのネクタイを締めている。

さて、この2人のうち、あなたはどちらの営業パーソンの話を聞いてみたいと思うだろうか？　おそらく、ほとんどの人が前者、と答えるはずだ。

服装以外の見た目は変わらないのに、なぜ前者が選ばれるのか。
その理由は、シンプルかつ明白で、前者のほうが圧倒的に「第一印象がいい」からだ。新入社員研修などで学んだ人も多いと思うが、一般的に「人の第一印象は約6秒で決まる」と言われている。これは、アポイントメント先に到着し、相手と目が合った瞬間に、あなたの印象が決まるということだ。表情や髪型、どんなスーツを着ているかなど、視覚から入る情報だけで、あなたという人物がジャッジされてしまう。

それゆえに、せっかく会社経営者や役員、大口の取り引き先になってくれそうな相手と出会っても、第一印象がよくなければ、その後の付き合いには発展しにくい。誰かに紹介したいとも思ってもらえないので、新たな人脈も広がらない。

そう、「ダサい」スーツは、あなたからどんどんチャンスを奪っていく。あなたの成功を阻む、諸悪の根源なのだ。

こういう話をすると、必ず「見た目で判断してほしくない」「話せば自分のキャラを分かってもらえる」という人が出てくるので、はっきり言う。

そんな甘えがあるから、あなたは、いつまでもパッとしないんだ。

「はじめまして」の場面で相手に与えた第一印象は、覆すまでにかなりの時間を要する。ダサいスーツを着たまま、運よく相手に話を聞いてもらえたとしても、実はマイナスからのスタートになってしまっていることに気付いたほうがいい。

そもそも、第一印象がゼロであれば、あとはプラスを増やすべく、努力すればいい。もっと言えば、最初からプラスにしておけば、より自分にとって有利にビジネスを進めることができる。

成功者の多くは、わざわざマイナスをゼロにするといった無駄なことに時間を費やさない。第一印象の段階でマイナスの印象を与えてしまうことのデメリットを知っているので、常にベストなスーツを身に着けているのだ。

あなたが成功を望んでいて、そのチャンスを手に入れたいなら、まず、スーツから変えよう。凝りに凝ったパワーポイントの資料やトークマニュアルの暗記は、その後でも間に合う。

2
「Mサイズ」信仰が、スーツを「作業着」にしてしまう

「スーツを変えろ」と言われても、具体的にどうすればいいのか、ピンと来ない人もいるだろう。

お洒落なセレクトショップへ行けばいいのか、高級ブランドならいいのか。買う店を変えればいいと思うかもしれないが、その前に、知っておいてほしいことがある。

今の日本で一般的に買えるスーツに、粗悪品は存在しない。

量販店で販売されている、いわゆる「吊るし」と呼ばれるスーツでも、長持

ちするし、縫製もそこまで悪くない。高級セレクトショップや百貨店で扱っているスーツなら、生地もよく、よりしっかりと作られている。どこのどんな店で買おうと、衣服としてのスーツそのものは、決して悪い品質ではない。

では、こうした店で買ったスーツを着ていても、一向に「カッコよく」なれないのはなぜだろうか？

「自分にはセンスがないから」「体型に難があるから」と思うかもしれないが、決してそうではない。

多くの場合、既製品のスーツはサイズが決まっており、ＪＩＳ規格（日本産業規格）という国家規格により、体型と身長で区分されている。「96Ａ6」（チェスト96㎝、チェストとウエストの差が12㎝のＡ体型、身長１７０㎝）などという記号を見たことがあるだろう。分かりやすくXS〜3XLで表記されているものもたくさんあるが、メーカーやブランドによってこれらのサイズ表記には違いがある。しかし、既製品を購入する場合は、これらの決まったサイズの中から選ぶしかない。

実は、それが、あなたを「ダサく」見せてしまう落とし穴だ。いくつか試着をして、「ぴったりだ」と思うものを選んだとしても、実際にはサイズが合っていない、いや、合っているはずがないのだ。

そもそも、人間の体はS、M、Lなどという数種類のサイズや規格で測れるものではない。まして、スーツのようにジャケット、スラックスと、上下ともに、一つのサイズがぴったり合うことはあり得ない。腕と脚の長さ、首の太さ、肩幅、腰の位置、胴回り、胸や臀部、太ももの筋肉の付き方など、体型は千差万別。

にもかかわらず、「自分は中肉中背だからM」「少しくらい合わない部分があっても仕方ない」というような選び方をしているから、誰の印象にも残らない「なんとなくダサいスーツの人」になってしまうのだ。

ジャケットの袖、スラックスの裾が長い場合やドロップ（ウエスト）が大きければ、詰めればいいと考えるかもしれないが、その「お直し」自体が、スーツのシルエットを台無しにしてしまう。

スーツは上下で着ることを前提としているので、どこか1ヵ所でも合っていない部分があると、全体的にバランスがおかしくなる。

これが、あなたのスーツが「作業着」に見えてしまう根本的な原因だ。

体型に合わせて、わずか1ミリ、2ミリでも、妥協することなく採寸されたスーツだけが、あなたを劇的に「カッコよく」見せることができる。

さあ、もうお分かりだろう。

スーツを買うときに行くべき場所は、量販店でもセレクトショップでも百貨店でもない。

オーダースーツ専門店一択だ。

オーダースーツ専門店については、第2章で私が代表を務めるオックスフォードコーポレーションを例に、詳しく説明していく。

3 「本当にカッコイイ」ビジネスパーソンは1％程度しかいないのはなぜか

私はときどき、梅田や難波、心斎橋など昼下がりの街へ出て、道行く人の服装をチェックしている。

しかし、「おっ、カッコイイ！」と思う人は、1割にも満たない。何度足を運んでみても目に付いてしまうのは、だぶついた黒っぽいスーツを着て、下を向いて足早に歩いているビジネスパーソン。

本当にダサ過ぎて、心底がっかりしてしまう。そんな人を見るたびに、私は「この日本から、ダサいファッションの人をなくす」と心に誓っている。

前述したように、スーツがダサく見える一番の原因はサイズが合っていないことにあるが、それ以上に、かなり間違ったブランドをチョイスしている人も少なくない。例えば、グッチ、ドルチェ&ガッバーナ、トム・フォードなど。これは、ビジネスウエアだけでなく、私服も含まれる。

こうしたヨーロッパのハイブランドは人気もあり、身に着けていれば鼻が高いのかもしれないが、残念ながら、日本を含むアジア人の骨格、体型には合わない。特にトム・フォードなどは、身長が１８０㎝以上ないと、カッコよく着こなすのは至難の業だ。高級スーツで人気がある英国発祥のダンヒルなども、欧米人のような体格でないと決まらない。

さらに、年代にそぐわないハイブランドを着ていると、それだけでダサく見えてしまう。

例えば40代の人が、若手に人気のバレンシアガの服を着てみても、お洒落を通り越して、ただの「若作りおじさん」になってしまいがちだ。米国のブランドも全般的におすすめできない。デザインやシルエットがカッコよくないこともあるが、何しろアメリカンサイズはアジア人にとっては大き過ぎるので、誰が着てもお洒落に見えない。

海外ブランドの誤った取り入れ方のほかにも、一般的なビジネスパーソンをダサく見せてしまう、共通の「NGアイテム」がある。これらは、「ダサい」人がほぼ100%の確率で身に着けているものだ。これから、この「NGアイテム」について解説していく。どれか一つでも、該当するものを持っていたら、「ダサい自分」と決別する覚悟とともに、今すぐ捨ててしまおう。

4

ビジネスパーソンが絶対に身に着けてはいけない5つの「NGアイテム」

ダサいは悪❶ 買ってはいけないビジネスシャツ

社会人生活に慣れてきた若手ビジネスパーソンが買ってしまいがちなのが、ヘンなビジネスシャツだ。プレーンなシャツに飽きて、黒いボタン付きのものや襟、袖の裏側にチェックなどの柄が入ったシャツを選ぶのかもしれないが、はっきり言って、ものすごくダサい。

これらのシャツを「お洒落」だと思っているなら、それは不正解だ。

万が一、ショップの販売員が勧めてきたら、それは販売員が間違っているので、絶対に買ってはいけない。

夏になると、スラックス＋半袖シャツで歩いている人も見かけるが、まるで「役所のおじさん」のように見えてしまうので、こちらもよろしくない。

日本では、夏場にクールビズが推奨されているが、欧米の政治家やビジネスパーソンが半袖シャツを着て、仕事をしている姿はテレビでも見たことがないだろう。

いかなる場合でも、スーツには長袖のシャツを合わせることが鉄則だ。

NGリスト①

ビジネスシャツ

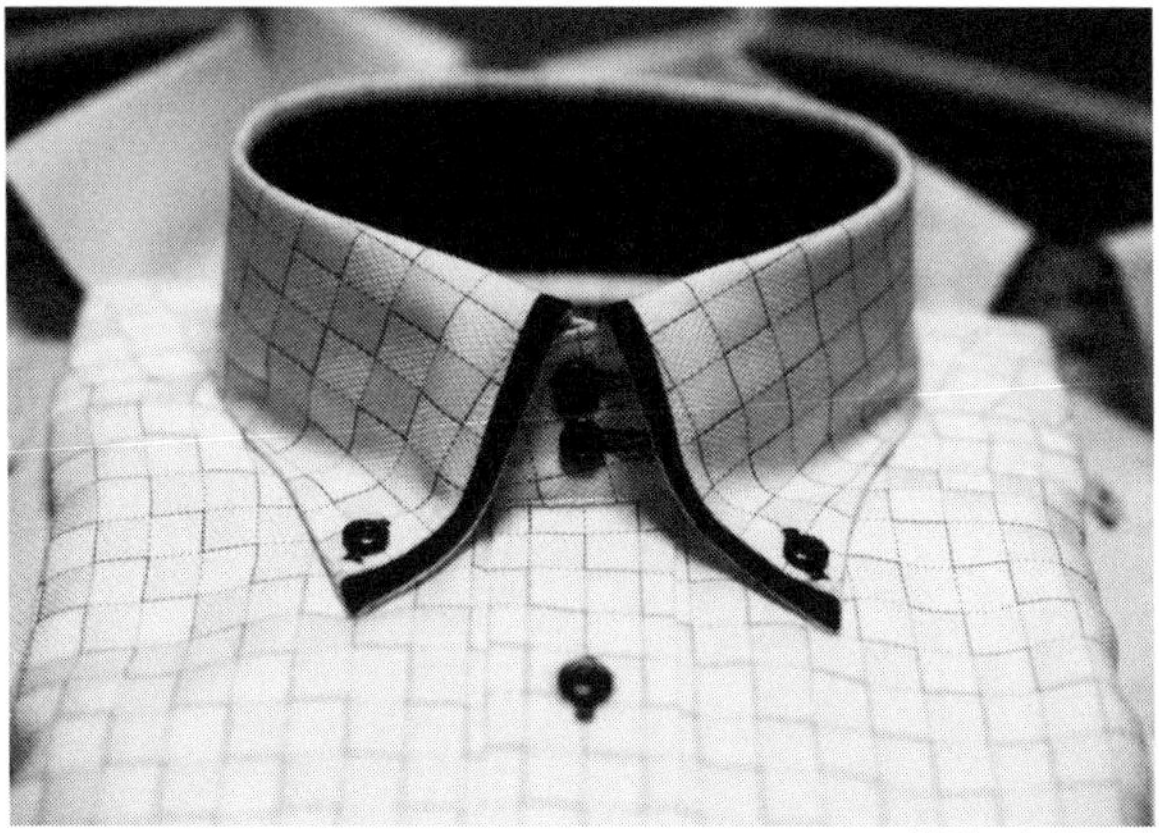

(撮るねっと / PIXTA)

・色付きのボタン（よく見るのは黒いボタン）

・ボタンダウン

・襟下やカラーバンド、袖裏にチェックなどの柄が入っている

・襟や袖に黒やブルー、ピンクなどのステッチが入っている

・ポケットが付いている

・半袖

・ロンドンストライプ（地と色の部分が等間隔のシンプルな縦縞）以外の変なストライプシャツ

ダサいは悪❷ 買ってはいけないビジネスネクタイ

スーツスタイルに欠かせないネクタイこそ、自分の好みだけで選ぶと非常に危険だ。

スーツやシャツ、小物がしっかりコーディネートされていても、ネクタイが残念だと全身がダサく見えてしまう。

ネクタイは、素材も色もデザインもさまざまな種類があるが、絶対に選んではいけない「3大NGネクタイ」がある。

1つ目はレジメンタルストライプ。ネクタイの定番として手に取る人も多いと思うが、ビジネスパーソンが着けるには大きなデメリットがある。思い出してほしいのが、学生時代の制服だ。中学や高校、大学の体育会の制服にはだいたいたいレジメンタルストライプのネクタイが採用されているだろう。つまり、若さの象徴とも言えるレジメンタルストライプを、社会人が身に着けてしまうと、頼りない印象に見えてしまうのだ。例外的にＯＫな場合もあるが、ほとんどの人は野暮ったく見えるので、避けたほうが賢明だ。

２つ目は、ポリエステル製のネクタイ。テカテカしているものやシワになりやすいものが多く、正直言って、安っぽい。これならネクタイをしないほうがマシなので、買う必要はない。

最後は、幅が広過ぎる、もしくは細過ぎるネクタイ。太いネクタイは、既に時代遅れで古臭い。少し前に流行した細いネクタイは、モード感が強いのでビジネスシーンには相応しくない。

もし、これらに当てはまるネクタイがあったら、即刻処分しよう。もちろん、プレゼントとして誰かにあげても、もらってもいけない。

NGリスト②

ビジネスネクタイ

(freeangle / PIXTA)

レジメンタルストライプのネクタイ

(sergey_peterman / PIXTA)

幅が広過ぎる
or
細過ぎるネクタイ

(topntp / PIXTA)

ポリエステル製のネクタイ

ダサいは悪❸

買ってはいけないビジネスバッグ

ビジネスパーソンの必須アイテムであるバッグにも、いくつかのNGが存在する。

まず、本革ではない合皮やキャンバス地のバッグは、買うべきでない。

実用性があり、リーズナブルで軽量といったメリットがあるが、使用感が出るのが早く、見た目にもダサい。

そもそもそんなバッグに大切な書類やパソコンを入れている人が、いい仕事をするとは到底思えない。重要な契約書などを、テカテカの合皮のバッグや学生が持っているようなキャンバス地のバッグから出した時点で、ビジネスの相手がどう思うかを考えたほうがいい。

最近の若いビジネスパーソンがよくやっている「スーツ＋リュック」のスタイルも、絶対にやってはいけない。とにかく、問答無用でダサい。

ジャケットの肩にシワが寄り、型崩れしてしまうし、擦れて生地が傷み、テカリやすくなってしまう。これはもう、スーツへの冒涜としか思えない。

同様の理由で、肩から掛けるショルダーバッグもＮＧだ。

NGリスト③

ビジネスバッグ

(maruco / PIXTA)

キャンバス地のバッグ

(TRAIMAK / PIXTA)

合皮素材のバッグ

(Caito / PIXTA)

ショルダーバッグ

(Pro3DArt / PIXTA)

リュック

ダサいは悪④ 買ってはいけないビジネスシューズ

「お洒落は足元から」「靴だけはいいものを履いたほうがいい」と言われるように、ビジネスシューズはスーツスタイルの良し悪しを左右する重要なアイテムだ。

どんなに素晴らしいスーツを着ていても、シューズが汚れていたり、野暮ったいデザインだったりすると、それだけで「ダサい人」まっしぐら。

足元も意外と人の目に触れるため、スーツと相性のいいクオリティーの高いシューズを選びたい。

特に、これから挙げる5つのNGシューズは、あなたのビジネスパーソンとしての「格」を下げてしまう、最悪の靴だと覚えておいてほしい。

ＮＧシューズの１つ目は、合皮素材のビジネスシューズ。水に強く、手入れが楽かもしれないが、本革と比べると妙なテカリがあり、チープさが目立ってしまう。

２つ目、３つ目は、営業職などの人やベテラン世代が好んで履いている、先が丸いコッペパンのようなシューズやソールがスニーカー仕様になっているもの。実用性だけを重視しているデザインは、非常に野暮ったく見える。もし、「本革の靴は歩きにくい」と思っているなら、それは自分に合う靴の選び方を知らないだけだ。

４つ目、５つ目は、妙に先が長い、または尖がっているものと、ヘンな金具が付いているもの。ちょっと変わったデザインがおしゃれだと思ってしまうのかもしれないが、それは見事な勘違いだ。
普通にダサいので、これらも履いてはいけない。

NGリスト④

ビジネスシューズ

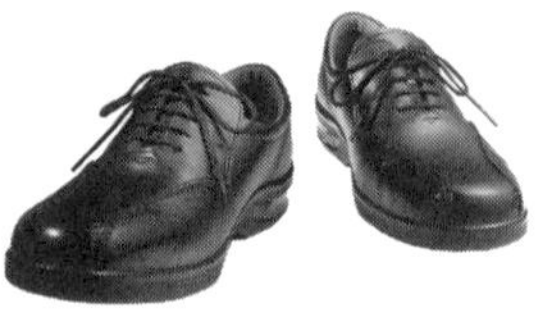

（M&T / PIXTA）
コッペパンみたいな形をしている

（rogue / PIXTA）
合皮素材のシューズ

（アメリ / PIXTA）
先っちょが長すぎる

（kelly marken / PIXTA）
裏がスニーカーみたいな
仕様になっている

（yankane / PIXTA）
変な金具が付いている

ダサいは悪❺

買ってはいけないビジネスコート

肌寒い時期や冬場に必要なコートも、選び方を間違えると、途端にダサい人になってしまう。

特に、多くの人が着ているナイロン素材のステンカラーコート（後ろ襟が高く、前が低く折り返すのが特徴）は、素材、シルエットともに安っぽく見えるため、ビジネスパーソンとしては頼りなく見えてしまう。ダサいコートのワーストNo.1とも言えるので、持っている人は今すぐ処分しよう。

真冬になると、よく見かけるスーツ×ショートダウンの組み合わせも、絶対にやめてほしい。ダウンの裾からジャケットが見えてしまっているのが、非常にダサいからだ。

そもそもダウンジャケットは、カジュアルアイテム。スーツと合わせるとちぐはぐに見えてしまうので、ビジネスシーンにはふさわしくないことを覚えておこう。

NGリスト⑤

ビジネスコート

(rogue / PIXTA)

ステンカラーのナイロン素材のコート

(Ystudio / PIXTA)

裾からジャケットが見えてしまう
ショートダウン

第2章

成功に必要なものは、MBAでも肩書でもない

1 あなたがスーツを買う店に潜む罠

第1章では、一般的なスーツ専門店、メンズアパレルショップでスーツを買っても、なぜダサくなるのかについて説明した。これらの店で販売されているアイテムの中にも、着るだけ、身に着けるだけでたちまちダサくなる「NGアイテム」が存在していることもお分かりいただけただろう。

しかし、多くのビジネスパーソンは、販売員に勧められるがまま、それらが「ダサい」と知らずに買ってしまう。

ただ、お客様は本当に知らないだけなので、まったく悪くない。

そう、ダサい人を街に増殖させているのは、販売員なのだ。彼、彼女らがあなたをダサくしていると言ってもいい。

販売員の中には、本当におしゃれが好きで、服飾の歴史から採寸技術、縫製、生地、ブランドまで自ら学んでいる人もいるだろう。しかし、そんなアパレル店員はごくわずかだ。ほとんどの販売員は、服は好きなのかもしれないが、知識がなさすぎる。

どうすれば、お客様が一番カッコよく見えるのかについて、販売員自身が本当に理解していないのが問題だ。

だから、どう見てもダサいアイテムなのに、何がダサいのかに気付かず、平気で勧めてしまう。

その上、常にヘビーな販売ノルマに追われているものだから、お客様に勧めるのは「単価の高い服」や「在庫が余っている服」。

会社の都合に合わせて服を売るような販売員が接客する店で、どんなに高級なスーツを買っても、カッコよくなれることはない。

それが、私がオーダースーツを勧める一番の理由だ。

スーツとは、そもそも着る人に自信を与えるものでなければならない。

袖を通し、鏡の前に立った瞬間に「よし、俺は最高だ。どんな仕事も任せろ」と思えるくらいのものでなければだめだ。

着るだけでマインドセットができる。そんな理想的な一着は、徹底して採寸を行い、その人だけのために誂《あつら》えたもの――。

つまり、オーダーメードでしか生み出すことができない。

なぜなら、着る人をカッコよく見せるスーツの条件は、何よりサイズが合っていることだからだ。それも、「ぴったり」ではなく、「ぴちぴち」というぐらい体にフィットしているほうが、全身をきれいに見せてくれる。

厳密に言うと、「ぴったり」と「ぴちぴち」は違う。

「ぴったり」の場合は、全体的にわずかなゆとりを持たせるので、動きやすさはある。しかし、どうしてもそのゆとりの部分でシルエットが崩れてしまうので、ぴったりのサイズでスーツをつくることは難しい。体形によって変わってくるが、カッコよく見せるなら、断然「ぴちぴち」のほうがいい。

サイジングに続いて、重要になるのは生地だ。

スーツの生地は輸入品から、合成繊維まで、多種多様にある。特に毛織物の産地として有名なのは、イタリア、イギリス、日本。産地や生地メーカーによって、素材や織り方、肌触りなど、それぞれ特徴が異なる。

しかし、必ずしも高級な生地を使わないと、カッコよくなれるスーツはできないのかというと、それはまったくない。

比較的リーズナブルな合成繊維の生地を選んでも、正しい採寸とスーツ専門の縫製技術があれば、美しいシルエットのスーツをつくることは可能だ。

正直なところ、ポリエステル素材の5万円のスーツもカシミアの100万円のスーツも、大きな違いはないと言っていい。例えていうなら、国産車に乗るか、外車に乗るかぐらいの違いぐらいしかないのだ。

また、高価な生地のほうが長持ちするイメージがあるかもしれないが、実は、ポリエステルなどの合成繊維のほうが耐久性は高い。マシンウォッシャブルもできるので、手入れも楽だ。

一方、メリノウールやシルク、カシミアなどで織られた高級な生地は、素材そのものがデリケートなので、頻繁に着ると傷むのが早くなる。

縫製の段階でも、職人の技術がないと生地にダメージを与えてしまう。ボタンなどもあえて緩めに縫い付けなければならない。

大事にすれば長く着られるが、手入れにもある程度コストがかかることを覚えておいてほしい。


これらのことは、服飾の知識としてはごく基礎的なものだが、それすら知らない販売員は非常に多い。

だから、決して「オーダースーツは特別なもの」とか「お金持ちしか作れない」などと誤解することなく、正しい知識を持つスタッフがいるオーダースーツ店でスーツを仕立ててほしいのだ。

2 お客様を「カッコよく」することが販売員の価値

私が社長を務めるオックスフォードコーポレーションには、スーツや服飾に関する専門知識、接客スキルのないスタッフはまずいない。フランチャイズ店も同様だ。

当社のスタッフは、全員厳しい研修をクリアし、一定のレベル以上の知識と採寸技術を修得しているため、全国どこのショップを利用してもらってもあなたは100％カッコよくなれる。それは私が保証する。

生地についてもイタリア、イギリス製から国産まで、幅広いブランド、メーカーのファブリックを揃えているので、ベストなものをチョイスできる。当然ながら、どんな生地を選ぶかで、価格も見た目も変わってくる。

予算があれば、最高級のインポート生地で仕立てるスーツもすてきだ。

ただ、オーダーだからといって、無理して高級な生地を選ばなくてもいい。特に、あなたが20〜30代とまだ若く、予算が限られているなら、生地にお金をかけるよりもスーツのラインナップを揃えるほうが先決だ。例えば、スーツの基本色であるグレーとネイビーを1セットずつ作ったり、傷みやすいスラックスを2本揃えたりしておけば、毎日カッコよくいられるし、長持ちする。

お客様にも正しいファッションの知識を知ってもらいたいと考えているので、生地の特徴やお手入れ方法、メリット、デメリットもはっきり伝え、説明するようにしている。

たまに「予算の都合でジャケットだけ作りたい」と言う人がいるが、それは最も損するオーダー方法。生産過程の都合上、スーツとして上下で作ったほうが断然、コスパがいい。


スーツのパターンに関しては、オックスフォードコーポレーションのオリジナルを使用している。企業秘密になるので詳細は控えるが、当社のデザイナー、パタンナーと打合せを重ねに重ね、ようやく出来上がった自慢のパターンだ。

そして、できれば、合わせるシャツも完璧なものを選んでほしい。スーツをオーダーした後、「シャツは手持ちのものがあります」と言う人は多いが、そういう人ほど、ダサいシャツしか持っていない。

スーツが完璧でも、「NGアイテム」で解説したようなシャツを合わせてしまうと、一気に冴えないビジネスパーソンに逆戻りしてしまう。ここは、しばらく昼食を抜いてでも、シャツを一緒にオーダーすることをお勧めしている。

他にも、オックスフォードコーポレーションでは、ネクタイやシューズ、バッグなどの小物や、休日用のカジュアルウエアも取り扱っている。国内製品からインポート製品まで、すべて当社でセレクトしたものだ。私服も含め、トータルでカッコよくなりたい人は、ぜひ、スタッフに相談してほしい。

あなたを引き立てる最高の小物、コーディネートを提案しよう。

そして何より、伝えたいのは、私たちは「あなたをカッコよく見せるものしか作らないし、販売しない」ことだ。

すべてのスタッフが、お客様をカッコよくすることしか考えていない。これが当社の一番の強みだ。

オックスフォードコーポレーションは、接客においても、採寸においても、一般的なスーツ専門店とは切り口がまったく異なることをぜひ、あなた自身で体験してみてほしい。

3 成功に必要なものは、MBAでも肩書でもない

繰り返しになるが、あなたが成功者になるために必要なのは、あなたを「カッコよく」見せてくれるスーツだ。

どんなに頑張って「代表取締役」「社長」といった肩書を手に入れても、MBA（経営学修士）を習得しても、見た目で「この人はダサい」という烙印を押されたら、それらの肩書がかえって滑稽に見えてしまうだろう。本来手にできるチャンスが半分以下になってしまう可能性もある。

いわば、スーツはビジネスパーソンにとっての戦闘服。「今日の俺、カッコいい」と、自画自賛できるくらいのものでなければ、ビジネスという試合では

形勢不利になってしまうのだ。

成功者のスーツ事例

ここからは、実際にオックスフォードコーポレーションでスーツを誂《あつら》え、平凡なビジネスパーソンから成功者へと変貌を遂げたお客様の事例を紹介していく。

どのお客様も、来店時はお世辞にも「カッコよくスーツを着こなしている」とは言えなかった人たちだ。

事例①

下半身を大きく見せず、上着の着丈を調節。印象が良くなり、売上成績爆上がり！

（板橋友規さん）

外車のディーラーの板橋さんは、野球を少年の頃からしており、太ももや腰まわりといった下半身が人よりしっかりしていました。マグマさんのアドバイスで、スーツ着用時の太ももやひざ下のサイズ感を重視しつつ、下半身が大きく見えないよう、上着の着丈を調節。

お客さんと対面する中で、オックスフォードコーポレーションのスーツだと、印象が非常に良く、次に繋がりやすかったり、大口の紹介をいただけたり等の経験をしました。今ではマグマさんのおかげでスーツ以外の時計やビジネスバッグなどへの意識も高くなっています。

事例②

上着をジャストフィットさせたオーダーメードスーツに。わずか2年半でタイトルホルダーに。

（小幡剛之さん）

学生時代、アメフトをやっていたため、肩や胸といった上半身ががっしりとしており、市販のスーツでは、自分に合ったものがなかった小幡さん。

マグマさんと出会い、オックスフォードコーポレーションで、「全然フィット感が違った」というオーダーメードスーツを購入。見た目で褒められることも多くなり、同時に販売成績が急激に伸び始め、わずか2年半で保険業界のCOT※というタイトルを獲得するまでになりました。現在、スーツはすべてマグマさんに見てもらっています。

※世界各国の生命保険・金融サービスの専門職のうち、毎年トップクラスのメンバーで構成される組織を「MDRT」（Million Dollar Round Table）といいますが、この「MDRT」の入会基準の3倍以上もの生命保険販売成績を有している、いわば「生命保険と金融のプロ中のプロ」の会員資格のことを「COT」（Court of the Table）といいます。

4 オックスフォードコーポレーションが「適正価格」にこだわる理由

スーツの事例を見て、あなたはどのように感じただろうか？

スーツにも注目してほしいが、その前にまず、お客様一人ひとりの表情を見てほしい。皆、姿勢を正し、胸を張り、堂々と自信に溢れた顔つきをしているだろう。

それぞれ体形は異なるが、全身がすっきりして見えるのは、ジャケットのラペル（襟）も丈もスラックスのラインも、その人にいちばん相応しい形を提案しているからだ。

オーダースーツのいいところは、サイジングだけではなく、形も自分に合うものを見つけられる点にある。
もし、身長や足の太さなど体形にコンプレックスがあったとしても、オーダースーツならこれらをカバーし、自分の魅力に変えることができる。それこそがオーダースーツだけが持つ力だ。

オックスフォードコーポレーションでは、オーダースーツを通じて、「カッコよく、自信に溢れる自分」になってもらうために、1着約4万円からオーダーを承っている。ツーパンツにしたり、シャツをセットにしたりしても、プラス数万円ほどだ。10万円あれば、スーツ、シャツ、小物までトータルコーディネートができる。

価格については、ほとんどのお客様が「想像していたよりリーズナブル」と言うが、私は「適正価格」だと考えている。

スーツ専門店やアパレルブランドは、商品の本来の価格より、はるかに高い値を付けている場合が多い。もとは7～8万円で買えるジャケットを10～20万円で売っていることもある。

私は、アパレル業界のこうした姿勢には賛同できない。

オックスフォードコーポレーションが「適正価格」をコンセプトの一つにしているのは、誰だって、適正価格でカッコよくなれるほうが断然いいに決まっているからだ。

私が「いいものを安く提供したい」と思うようになったのは、アパレル企業で販売員をしていた20代の頃。尊敬していた店長に言われた一言がきっかけだった。

あるとき、店長から「小松、お客様にとって一番のサービスは何だと思う？」と聞かれた。

私はごく単純に考えて「いい接客をして、付加価値をつけることですかね？」と答えた。

ところが予想に反し、店長は「一番のサービスは値引きやで」と言った。

当時の私は、店長の答えにまったくピンと来ず、瞬時に「こいつ、何言ってんねん！」と思った。「値引きやセールは、商品やブランドの価値を下げるだけやんか。意味が分からん」と、そのときは聞き流した。

しかし、会社を辞め、自分でオーダースーツ事業を始めたとき、ふと店長の言葉を思い出した。

お客様が本当に喜ぶ値引きとは、1万円のものを5千円にするといったことではなく、価格以上の満足を得ることではないか。

そもそも、販売をする上でいい接客をするのは当たり前のこと。何の付加価値にもならない。

接客も含め、「こんなにいいものが、この価格で手に入る」、そんな感動を体験してもらうことこそが、一番の値引きと言えるのではないか。

私は、店長の真意を聞かないまま退職したので、今でも彼の言いたかったことは分からない。

でも、「価格以上の価値を提供すること」が、お客様にとって一番の値引きであると、私は信じている。

第3章

ジャケパン＋Tシャツで本当に「いい人脈」が作れるか

1

未来につながる人脈を築けない人の共通点

仕事で成功を収めるには、まず、いい人脈を築くことが不可欠だ。とりわけ人とのつながりが重要になってくる営業職や経営者は、第一印象をハズすというミスを絶対に犯してはいけない。

初対面で「頼りにならなさそう」「本当にやる気があるのか」と思われたら、もう2回目はない。つまり、スーツの着こなし一つで、手にできるチャンスが変わってくるのだ。

にもかかわらず、商談の場にジャケット＋パンツ＋Tシャツの、いわゆる

「ジャケパン」スタイルで行ってしまう人がいる。インナーにロゴ入りTシャツなどを合わせていたら、もう最悪だ。

ジャケパンそのものは、私も普段よく着ているスタイルであり、ファッション的にもおしゃれと言えるスタイル。一部のＩＴ会社やベンチャー企業の経営者が好む服装でもあるが、商談や目上の人と会うときはやめたほうがいい。特に、相手が40代以上の重鎮クラスならなおさらだ。たとえジャケットを着ていても、相手にカジュアルな印象を与えてしまうと、「誠意が感じられない」「真剣さがない」と受け止められてしまう。口に出すことはなくても、相手はそう感じているものだ。

ジャケパンでなくても、だぶついたスーツを着ていたり、靴が汚れていたりといった清潔感のないスーツスタイルも論外。「とりあえずスーツを着てきました」というような着こなしでは、相手にマイナスの印象を与えてしまうだろう。

ＩＴ企業などの有名な実業家が、Ｔシャツ姿でメディアに出ていても許されるのは、世界が認める圧倒的な実績があるからこそ。まだ、その域に達していないのなら、自分のスタイルを貫く意味はまったくない。

服装で間違った自己主張をするより、素直にカッコよくスーツを着こなし、より多くの人から信頼を得るほうが先だ。

あなたには、新たな人脈を築く場面で、損をしてほしくないと思う。

また、誰かに紹介された人と会うときは、いつも以上に服装には気合を入れたい。そこでも、ジャケパンを着たり、作業着のようなスーツ姿だったりしていると、紹介してくれた人の顔を潰すことになる。

そういう人に限って、メールやチャットのレスポンスも遅い傾向にある。「忙しい」を理由に、服装に気を配らない、即レスをしないことは、「私は常にキャパオーバーです」と言っているようなもの。そんな人と、今後も長く付き合いたいと思う経営者や会社のキーマンはそういないだろう。


つまり、TPOを考えた服装ができない人は、想像力が足りないと言える。スーツにしろ、メールやLINEの返信にしろ、「相手がどう思うのか」「自分はどう見られたいのか」をきちんと考えないと、未来につながる人脈はなかなか築けない。

それが、成功できない人の共通点なのだ。

2 スーツは仕事への責任感を示すもの

私は、スーツの本当の役割とは、自分の仕事への「責任感」を表すものだと考えている。

相手に対して「私に任せてください」とアピールしたいときは、やはりオーダースーツのように、自分の体にフィットし、すっきりとカッコよく見えるスーツを着ることがマナーだと思う。

特に、金融や保険、不動産など、高額な商品やサービスを提供している人ほど、顧客の信頼を獲得する上で、服装は大事な要素になる。

いわば、スーツはビジネスパーソンにとっての戦闘服。自画自賛できるくらいのものでなければ、ビジネスという試合では形勢不利になってしまうのだ。

何度も繰り返すが、あなたが成功者になるために第一に必要なものは、自分を「カッコよく」見せてくれるスーツだ。

どんなスーツを、どんな気持ちで着るか。それによって、仕事の取り組み方も、成果も変わっていくだろう。

3

「カッコいい」スーツは、ビジネスを成功に導くための「装備」

ビジネスにおいて、いかにスーツが大切か、お分かりいただけたと思う。スーツ一つで、自分の能力を生かすことも殺すこともできるのだ。それでも、もしスーツをオーダーすることに躊躇しているなら、ビジネスを成功させるための「投資」と考えてみてはどうだろう。人脈を築き、仕事のチャンスをつかむための「装備」として考えるのだ。

単なるおしゃれは自分のためにするものだが、スーツに投資をすることは、もはや仕事の一環。これから出会う相手、顧客への思いやりでもある。

オックスフォードコーポレーションでは、お客様にとって理想の一着を提供するため、オーダーを承る際は、約2時間いただいている。採寸だけなら15分程度で終了するのだが、それ以外の1時間45分は、カウンセリングに費やしている。

どこで、どんな仕事をしているのか、普段の移動手段は何か、体型のコンプレックスはあるか、持っているスーツやシャツはどんなものか、現在のライフスタイル、スーツを仕立てたい理由や予算などなど、あらゆる角度から話を聞く。

例えば、自転車で外回りをしている人なら、動きやすくて丈夫なストレッチ性のある生地を勧める。ヒップの部分が破れるようなら、スラックスにタックを入れ、ゆとりを持たせた型を提案するなど、その人にとってベストな生地とパターンを探す。肌の色を引き立てる色や柄も追求する。

もし、お客様自身が希望しても、それがお客様をカッコよくするものでなければ、諦めてもらうこともある。

私の顧客のほとんどは、初回来店時にベーシックなスーツを作る。それから数カ月して、再来店する時は、季節に合わせた生地のスーツを買い足す。そして、半年、1年と経つ頃には、インポートの生地でよりおしゃれなスーツをオーダーしていく。

さて、これはどういうことを意味しているのか?

最初はダサかったビジネスパーソンがスーツを変えたことで、人脈が広がり、仕事が軌道に乗る。

仕事が順調に進めば、自分に自信がつき、収入も上がり、余裕が生まれる。

つまり、自分が成長するとともに、スーツのグレードもアップしていくということだ。

私は、こんなふうにお客様たちがステップアップしていく姿を見るのが、とても楽しい。

お客様のキャリアに寄り添うスーツをお届けできることは、私の誇りでもあり、よろこびなのだ。

4 体を鍛えよ

オックスフォードコーポレーションでは、オーダースーツが出来上がるまで、だいたい1カ月お待ちいただいている。

スーツが届いたら、配送はせず、必ずお客様自身に受け取りに来てもらう。なぜなら、お客様は1カ月前のことを忘れているからだ。どんなオーダーをしたのか、どうなりたくて作ったのか、コーディネートするときのポイントは何か、ほとんど覚えていないものだ。

そこで、スーツの出来上がりとともに再来店してもらい、スーツの着こなしの「正解」を改めてレクチャーしている。

ところが、1カ月の間にお客様の体形が著しく変わってしまうと非常に困る。

多少であれば調整できるが、体重増加により二の腕や胴回りが変わってしまったら、もう痩せていただくしかない。スーツをオーダーした後は、できるだけ体形をキープしてほしいと思う。

体重の話をしたのであわせて話をするが、カッコよく見せるには体形も大事だ。

ちなみに私は、36歳になった今も、19歳のときと変わらない体形を維持している。学生時代はアスリートだったので、トレーニングが苦にならないこともあるが、週2回はジムで筋トレを行い、週末は子どもたちにサッカーを教えている。

食事は高たんぱく低カロリーのメニューが中心だ。外食もするし、お酒も飲むし、息子とお菓子を食べることもあるが、基本的に糖質は取らないことにしている。もちろん、お客様に私と同じようにしろなどと言うつもりはないし、たとえ、肥満体であったとしても、今の体形のまま、カッコよくすることが私の使命だ。

しかし、標準体重以上の人が、よりカッコよくスーツを着こなしたいと思うなら、やはりダイエットをお勧めする。

痩せるというよりも、健康的に引き締まったボディを目指してほしい。胸筋が鍛えられていると、ジャケットをきれいに着こなせるし、臀部も引き締まっていたほうが、スラックスもカッコよく決まる。

また、経営者などのエグゼクティブ層ほど、マラソンやトライアスロン、筋トレなどを好む傾向にある。

体を鍛えることもビジネスも、目標を達成するにはストイックでなければならないので、そのプロセスに共通点があるからだと思う。

スーツを着こなすためだけではなく、より成功に近づきたいなら、筋トレを始めてみてはいかがだろうか。

直接聞いてくれれば、私のトレーニングメニューを教えよう。

第4章

プロを断念したサッカー少年が伝説の販売員になるまで

1

小柄ながらゴールキーパーとして頭角を現す

ここまで、成功するために必要なスーツについて話をしてきた。

読者の中には「なんだか上から目線だなぁ」「きっと小松は、昔からおしゃれが好きだったんだろう」と気になった方もいると思うので、第4章以降は、私の半生と、なぜオーダースーツ屋をやっているのかをお伝えしていきたい。

私は、1984年、経営者の父と母の間に長男として生まれた。

実家は京都で、比較的裕福な家庭。

私は運動が得意な活発な子どもだった。小学校4年生のとき、「皆がやっているから」という理由でサッカーを始め、地元のクラブチームに入ると、ほぼ毎日練習に明け暮れるようになった。やがて監督からの指名でGK（ゴールキーパー）のポジションに就くことに。練習の成果もあって選抜メンバーとして大きな試合に出場することが増え、自信もついてきた。

サッカーは、さまざまなスポーツの中でも、特に自分で考えて動かなければならない競技なので、その点が自分に合っていたのだと思う。

この頃の憧れはメキシコ代表だったホルヘ・カンポス選手。GKもFW（フォワード）もできる高い技術と身体能力を持つ選手ながら、GKとしては小柄な175cmの身長だった。私自身も決して高身長とは言えないので、彼のプレーから学ぶことも多く、たくさんの刺激を受けた。

中学までクラブチームでプレーした後、「高校では全国高等学校サッカー選手権大会（通称・冬の国立）に出たい」と思い、強豪の京都府立久御山高校へ進学した。

ここで私は、これまでの価値観が変わるほど、ショッキングな出会いを経験することになる。

2

「個性」について考えるきっかけをくれた高校時代の恩師

高校では、毎日3～4時間、サッカーの練習に取り組んだ。

1学年30人ほどの部員がいる中、私は2年生でレギュラーに入ることができた。当時、1学年上の先輩が全国大会に出場したので、来年は自分たちもと、一層練習に精を出した。

この頃、サッカーそのものも楽しかったが、もう一つ、私の生き方を変えた恩師との出会いがある。

サッカー部の顧問で2年のときは担任だった保健体育の松本悟先生だ。

松本先生は、いい意味でぶっ飛んでいた。放任主義（と私は感じた）で「好きな言葉は適当」と言い、怒ることは滅多になく、生徒を褒めて伸ばすタイプで、話も面白かった。

大体の教師は、校内にゴミが落ちていたら「おい、捨てておけ」と指示するが、松本先生は「運気が上がるからゴミは拾っとけ」と言う。

冬場は、校庭の片隅で餅を焼きながら、サッカーの練習を見ていた。

それまで、さほど周囲を悩ませることなく生きてきた私にとって、この「先生っぽくない先生」の存在は、私の価値観に大きな変化をもたらした。

「自分もピッチ以外でも輝ける何かを見つけて、先生のように面白い人になりたい――」。

私はこのとき初めて、「個性」について考えるようになった。物心ついたときから、目立ちすぎず、大人しすぎずに生きていくことに何の疑問も持っていなかったのだ。

先生と出会ったことで、「自分はこうなりたい」というマインドセットをすることの重要性に気付くことができた。

それからの私は、「おもろい人になるには、人と同じことをしていたらあかん」と考え、まずは文武両道を実現することにした。サッカーと同じく勉強にも励み、大学進学を見据えた。

肝心のサッカーでは、高校3年時に京都府の国体のメンバーに選出され、国民体育大会に出場するなど、選手として充実していた。しかし、国体では負けてしまい、久御山高として全国大会での優勝もかなわなかった。

涙をのんだサッカー生活だったが、ただ、このときが人生で一番、純粋にサッカーを楽しめたと思う。

3 サッカー推薦で進学した大学で挫折を味わう

高校卒業後、私はサッカー推薦で、びわこ成蹊スポーツ大学スポーツ学部へ進んだ。

新設校だったので、サッカー部もゼロからのスタート。部員は50人ほどだったが、やはり大学はいろいろな人がいるなという印象だった。久御山高校では、褒めて育てる方針の松本先生の下、伸び伸びと練習していたが、大学では180度違うサッカー生活が待っていた。

当時、サッカー部の監督に就任したのは、サッカー指導者として有名な松田保さんだった。

松田さんは、日本サッカー協会の最高資格のS級コーチライセンスを持ち、過去にはU-15、16、17の日本ユース代表の監督を務め、元日本代表の井原正巳、小野伸二、稲本潤一、高原直泰の各選手を育てた名将だ。

練習初日に「今までのサッカーは忘れろ」と言われたことは、今でもよく覚えている。


当然、練習は厳しく、指導内容も高校時代とはまったく異なるものだった。以前は、ショートパスやドリブルといった個々のテクニックを発揮することがよしとされていたが、大学で重視されたのはチームプレー。とにかく走り、動くことが求められた。さらに松田さんは「サッカーはジェントルマンのスポーツ」と言い、部員の生活態度についても指導するようになった。

だんだんサッカーが面白くなくなり、「辞めようかな」と思うこともあった。
しかし、チームは新設ながら4部制の関西学生リーグで1部昇格するなど、強豪チームとしてめきめき成長。私も試合には出場していたし、何より仲間と同じ目標に向かって全力で進むことが楽しかった。

私は、大学4年間で天皇杯に2回出場、優勝には程遠かったが、プロチームと戦えたことも素晴らしい経験だった。

私は、サッカーに励む一方で、ぼんやりと将来のことも考えていた。
高校時代の松本先生の後継者として教師になろうと、大学では保健体育の教員免許状を取得した。でも、教師という職業はある程度、型にはまることを求められるため、自分には合わないと感じていた。

もちろん、プロサッカー選手になりたい思いも強かったので、Jリーグやプロチームのセレクションをいくつか受けたが、望む結果は得られなかった。やはり、全国各地からトップ選手が集まる場では、技術や体力が同等でも、体格に恵まれてない場合は不利になる。特にGKなら高身長のほうが圧倒的に有利だ。今までも多くの先輩方を見てきて、分かっていることだったが、私としては挑戦したかった。

同期の多くは、プロとしてJリーグや社会人チームに羽ばたいていったが、私は「自分はプロの選手にはなれない」と受け入れざるをえなかった。

大学4回生の秋のことだった。

4

ダサダサB-BOYファッション男子が、アパレル企業へ入社した理由

「教員はやりたくない」「プロも無理」。行き場を失った私は、卒業後は一般企業に就職することにした。

ほとんどの学生は夏前に就職活動を終えていたが、私は秋頃から就活を開始した。この時期では、企業の募集も限られていたが、私は迷わずアパレル業界を目指すことにした。

実は私の父親はアパレル業を営んでおり、ヨーロッパなどからアパレル製品

の買い付けを行っていた。幼い頃、父がよく海外出張に行く姿を見ていたので、私自身も興味があったからだ。

自分にもできるかどうか分からなかったが、他の選択肢は思いつかなかった。とはいえ、学生時代からおしゃれが好きだったわけではない。

当時の私は、流行していたB-BOY風ファッションが中心で、ビッグサイズのTシャツやルーズなパンツ、スニーカーを好んで着ていた。

今振り返れば、ものすごくダサかったと思う。

幸いアパレル業界は2次募集を行っている会社が多く、私はその中から、メンズブランドを扱っているメーカーをいくつか受けた。

アパレル会社の面接は、私服を見られることが多く、一次面接でその日のファッションのポイントを聞かれる場合が多い。この頃には、面接対策を意識してジャケットを着るようになり、「キレイめ」スタイルにシフトしていった。

しかし、アパレル会社の人気は高く、就活はなかなかスムーズに進まなかった。

そんな中、ある大手アパレルメーカーの面接を受けたとき、人事の面接官から「履歴書をパッとみて、あなたのことを思い出せるようにしてください」と言われた。

女性のリクルーターが多い中ではあったが、私はシャツを脱ぎ、逆立ち腕立てを披露した。サッカーで鍛えた筋力は、自分の武器だと思っていたからだ。

案の定、このアクションは面接官のド肝を抜き、拍手喝采だった。

筋力アピールが功を奏したのか、私は無事、内定をもらうことができた。[12]

月の内定だったため、入社は翌年の6月に決まった。

その会社は、当時「面白い人を採用する」という方針だったフランドル株式会社という。

後に聞いた話だが、面接時の私の逆立ち腕立ては、強烈なインパクトを残したらしく、今でも本社では伝説になっているそうだ。

5 入社1年目の新人で販売員の頂点へ

大学卒業後、フランドルへ入社した私は、メンズブランド「INED HOMME」担当の販売員としてキャリアをスタートした。3カ月間、新人研修を受けた後、大阪駅近くの梅田阪急百貨店に配属。全国の百貨店の中でも1、2位を争う売り上げを誇るトップ・オブ・デパートで、「INED HOMME」も年間で億単位を売り上げる、会社の旗艦店だった。

いざ店頭に立ってみると、店長は怖いし、やることは多いしで、目の回る忙しさだった。

新人のうちは入荷した商品の荷裁きや事務作業、在庫の管理などの庶務がメインで、接客をする機会はさほど多くない。それでも、お客様から見て新人と分かると不安にさせてしまうので、メガネをかけるなどして落ち着きを出すように工夫していた。

作業の合間にタイミングが合えば接客をしていたが、それはそれで「売らなあかん」という周囲からの無言のプレッシャーがあった。

店長は厳しかったが、指導は的確で、立ち居振る舞いからお客様への具体的な声の掛け方、マインドまでしっかりと教えてくれた。

元GKとしてゴールを守っていたせいか、私は「自分の役割を果たさなければ」と、強い責任感を抱いていた。

販売員なのだから、売り上げでトップになろうと、「絶対に全国で売り上げ

No.1になる」と心に決めた。

少しでも接客するチャンスを増やすために、休憩はほとんどとらず、休日も進んで出勤した。今なら、間違いなく「ブラック」と言われる働き方をしていたが、辛い、休みたいという気持ちはなかった。


さらに私は、接客時の第一印象をよくするため、清潔感を重視した。肌の脂をこまめに抑え、口臭、体臭の対策を徹底。お客様に差し出すペンも、他の人と差をつけようと、モンブランのリッチなペンを胸元に忍ばせた。

服装は、当然自社商品を身に着けるが、ここだけの話、なかなか売れない商品や在庫が余っているものを選んで着ていた。中には「これはダサいんちゃう?」と思うものもあったが、そこはプロとして仕事と割り切り、いかによく見せるかだけを考えてコーディネートを組んだ。

№１になると決めてからは、サッカーで鍛えられていたせいか、フィジカルもメンタルも弱ることはなかった。

そして、この頃、自分の目標を達成するには、他人に「どう見られているのか」「相手にどう思われるのか」を考えることが大事だと気付いた。

入社２年目を迎えると、私は社内で全国売り上げ№１を達成し、目標だったチャンピオン賞を獲得。

同時期、勤務していた梅田阪急からも「金ネーム」販売員に選出された。

「金ネーム」とは、梅田阪急百貨店が認めた優秀販売員だけに贈られる金色のマークが入ったバッジ（一般販売員はすみれ色のマーク入りのものを付ける）。金ネームに選ばれるには、いくつもの審査をすべてクリアし、最終審査で百貨店の覆面ショッパーを接客して、合格しなければならない。

「梅阪の金ネーム」といえば、業界では誰もが知るトップ販売員の証で非常に名誉な称号なのだ。

こうして私は、アパレル販売員として名実ともにトップになり、確固たる自信をつけた。

しかし、その数カ月後、思いもよらぬ事態が起こった。

6 無敵の販売員のはずが、レディースブランドで大苦戦

会社でも百貨店においても実績を上げた私は、販売員として勢いに乗っていたが、ある日突然、本社から「ＩＮＥＤ ＨＯＭＭＥ」の終了を告げられた。詳しいことは分からなかったが、どうやらレディースブランドに注力していく方針が決まったようで、メンズブランドの販売員は、そのままレディースブランドへ異動することになっていた。

退職を選んだ同僚も多く、私も迷ったが、同じ梅田阪急内にある「ＩＮＥＤ」のレディースへ移ることに決めた。

なぜなら私は、近い将来、独立するつもりだったからだ。アパレル分野で起業するならレディースの経験もしておいたほうがいいと考え、一から学ぶつもりで飛び込んだ。

ところが、やっぱりメンズとは勝手が違いすぎた。

声がけをするにも、まるでナンパしているような気持ちになる。何となくスカートコーナーには居づらさを感じ、立ち位置も気を遣う。

上司も同僚も女性ばかりなので、独特の雰囲気が漂っていた。

そんな中で、売り上げを立てるために、私は「ＩＮＥＤ ＨＯＭＭＥ」で得意としていたスーツやコートの販売に的を絞ることにした。単価が高いこともあるが、見に来るのは母娘やミセス世代の方が多かったので接客しやすいと思ったのだ。

待ち伏せするように、常にスーツコーナーにおり、ターゲットのお客様が入ってきたらすかさず声をかけていた。

私の戦略が正しかったのか、レディースでも何度か月間1位の売り上げを達成できた。顧客も付き、電話をすれば来店してくださるようなお客様にもたくさん恵まれた。

ベテランの女性販売員が活躍する中では、さすがの私も全国ランキングには入ってはいたものの、1位にはなれなかった。しかし、レディースブランドの男性販売員として、セクションでは重宝された。重い荷物の上げ下ろしや梱包は進んでやっていたし、コミュニケーションの潤滑油にもなっていたと思う。

また、レディースブランドならではのVMD（ビジュアルマーチャンダイジング）や販促などのマーケティングについても学ぶことが多かった。

メンズでは「Sサイズフェア」や「コート受注会」などはなかったので、季節ごとのキャンペーンの展開などは新鮮で、勉強になった。

自分では、レディースブランドへの異動はポジティブに捉えているつもりだったし、№1ではないとはいえ実績も残した。

しかし、思うように販売できないことに、心の奥底ではストレスを感じていたようで、気付けば白髪が大量に増えていた……。

第5章

設立2年で
年商5億円企業へ成長、
目指すは全国制覇

1 副業で起業への足掛かりをつかむ

少し話を戻そう。

フランドルに勤務している中で、私が最もショックだったのは、全国で売り上げNo.1の実績を出しても、これといった評価を得られなかったことだ。給料は8千円しか上がらないし、何の役職もつかない。私のモチベーションは、ジェットコースターのように急降下した。

当時、私の上司だった店長も、過去には会社でチャンピオン賞を受賞したトップ販売員だったが、チャンスに恵まれなかったために、出世できなかったようだ。

アパレル販売員の主なキャリアコースは、店頭販売を経て、本社で新人研修などを行うトレーナーやエリアマネジャーへとステップアップしていくのだが、フランドルの場合は上が詰まっていた。

どんなに優秀な販売員でも、本部の席が空かないために、ずっと現場で待つしかない状況だったのだ。


配属当初は、店長に対してビビる気持ちもあったが、ともに働くうちに、接客に対する考え方や仕事への姿勢に尊敬の念を抱くようになった。

「こんなに仕事のできる人が上に行けないのはなぜなんだ」とやるせない気持ちになり、わずか8千円がプラスされた自分の給与明細を眺めながら「この会社にいても先がない」と感じた。

もともと一生勤める気もなかったが、辞めた後は起業するつもりだったので早々にアクションを起こすことにした。

そして私は、社会人2年目の24歳のとき、販売員を続けながら洋服のＯＥＭ事業を立ち上げた。

当時は週に3日ほど休みがあったために、副業をするには十分な時間があったのだ。

最初は、レディース服のＯＥＭ企業としていくつかサンプルを作り、通信販売会社や大手アパレルメーカーをターゲットに営業をかけることにした。

親を頼ることはしたくなかったので、父親に工場だけ紹介してもらい、あとは自分で服作りや事業運営、経営のノウハウを学んだ。積極的に海外の工場などを開拓し、自力で生産体制を構築していった。

後日、サンプルが上がると両手一杯にぶら下げて、営業に奔走した。

日々、メーカーのバイヤーへ提案を続けているうちに、ある大手アパレルメーカーと取引することが決まった。その商品は通信販売で、瞬く間に人気商品になり、非常によく売れた。

このとき、私が心掛けていたのは、他のメーカーにない切り口で商品を提案することだ。

例えば、ミセス向けのニットなら、一般的な落ち着いた色やデザインではなく、やや若さを意識したものにした。「この年代の人は〇〇を好むだろう」といった固定観念を覆すことで、ターゲット層が求めるものをつかむことができたのだ。

メーカーは常に新しい商品を求めていたので、私にも多くのチャンスがあった。事業を始めてから、比較的早い段階でこのことに気付けたのが、成功の要因だったと思う。

一度大きな実績を上げたことで、取り引き先からの信頼を獲得し、私も自信がついた。

その後、業績のよい会社を中心に営業をかけていくと、次々に受注が入るようになり、気付けば年間億単位の売り上げを叩き出すようになっていた。

事業が軌道に乗った頃、私は入社5年目を迎えていた。

「もう、販売の仕事はやりきった」と、自分の中で納得できたこともあり、フランドルを退職。

いよいよ自分の事業に専念するときがやってきた。

社名を「オックスフォードコーポレーション」と改め、新たなスタートを切った。

「オックスフォード」と名付けたのは、父親が仕事でよくオックスフォードへ行っていたから。「スーツと関わりの深い地名だし、ええやん」というライトな気持ちで付けたので、深い意味はない。

ただ、父親がアパレル関連企業を経営していたため、今でもたまに「2代目社長？」と言われることがあるが、それは大いなる誤解だ。

父と子という何かはがゆい関係上、貸し借りをするのが嫌で、父親にはきっかけを作ってもらっただけであって、オックスフォードコーポレーションは私が創業者である。

今振り返れば、販売員も事業の立ち上げも、それなりに苦労もあり、努力もしてきた。

しかし、私自身はそんなに語るほどでもないことだと思っている。
自分の気持ちを大事に、自分で選び、決断して進んできた道だからだ。

2 日本から「ダサい」人をなくすことをミッションに、事業を多角化

こうして私は、２０１６年にオックスフォードコーポレーションを設立。ＯＥＭ事業はレディース服の生産やユニフォーム事業として継続しながら、オーダースーツ事業を始めることに決めた。

この頃になると、私自身も経営者として人脈が広がりつつあったのと、これまで培ったスーツをカッコよく着こなすノウハウや知識をもっと活かしたい、そして自分の店を持ちたいと思うようになったからだ。

何より、私は、販売員時代から道行くビジネスパーソンの着こなしを見ては、「みんなダサすぎる」と残念な気持ちになっていた。

ファッションの正しい知識さえあれば、誰もがカッコよくなれるのに、今の日本では販売員さえそれを教えられない。

ならば、私がお客様のスタイリストとなって最高のスーツ、ファッションを提供してはどうだろうか。

多くの人に、オシャレになることで得られるメリットをもっと実感してもらい、そして、日本から「ダサい人」をなくす――。

そんなミッションを掲げて、私は「オーダースーツ屋」をスタートさせた。

一人ひとりのお客様に、ベストなスーツを提案し、カッコよくなってもらう。

そのためには、本当の意味でお客様と対等でなければならないと私は考えた。

日本では、販売員は職業的に下に見られやすい傾向があるが、ヨーロッパでは敬意を持たれており、職業としての地位も高い。私も彼らのように、ファッションのプロフェッショナルとしてカッコよくなるための本気のスーツづくりとアドバイスをしたいし、お客様からプロとして頼られたい。

そして、お客様自身にも、理想の自分像や仕事への決意など、何でもいいから気持ちを持ってオーダーしてほしい。そんな想いがあり、私は、店を改装し、あえて完全予約制とした。

お客様には、わざわざ来店する時間を作ってもらうことになるが、他人の目を気にすることなく、リラックスしながら相談できると評判になった。

加えて、私はオーダースーツ事業とともに、セレクトショップとしてファッションの提案もしたいと考え、店ではビジネス用の小物の他、ジーンズやニット、ダウンコート、カジュアルなスラックスなど私服用のウェアも展開することにした。

これは、私服や小物も含め、お客様をトータルでカッコよくしたいと思ったから。

また、スーツから私服まで、1回の買い物で済むので、「時短になる」と忙しいお客様からもよろこばれた。

今も定期的に全国各地のメーカーまで自分で足を運び、厳選したアイテムだけを仕入れている。

加えて、レザーオーダーやインポート製品も取り扱っているので、着こなしでより個性をアピールしたい人にも評判だ。

オックスフォードコーポレーションを開店後、多くの顧客から「小松さんのスーツに変えたら、契約が取れた」「取り引き先からスーツを褒められる」、そんな声が寄せられるようになった。

顧客が新たなお客様を紹介してくれることが増え、いつの間にか、スーツを通じて顧客同士が親しくなり、人を紹介し合ったり、ビジネスの相談をしたりと新たな関係性が築かれるようになっていた。

そのおかげで業績が伸びた経営者や目標以上の契約を獲得できたという営業パーソンが、続々と現れた。

私は、1着のスーツが生み出す人とのつながりと人生を変える力に感動し、私自身もお客様のＨＡＰＰＹに貢献できることがうれしくて仕方なかった。

これこそが、オックスフォードコーポレーションでスーツをオーダーする最大の付加価値だと確信した。

3 フランチャイズを展開する理由

日本中のダサい人をカッコよくするために、オックスフォードコーポレーションは全国にフランチャイズ展開をしている。本社と本店は大阪だが、地方でも本店と同じクオリティーのスーツ、ファッションをお届けしたいからだ。

そもそもオーダースーツ事業は在庫を抱える必要がないため、ビジネス的なリスクが少ない。

完全予約制なので、都市部の中心地に店を構える必要もなく、マンションの1室でも十分だ。出張型にすれば実店舗はまったく要らない。

フランチャイズ店では、採寸して本社に発注情報を共有するだけで、生地の発注から納期管理まですべて本部が実施するので、スタッフが1人いれば運営できる。

莫大な資金や人件費をかけずとも独立できることに興味を持つ方が増え、オックスフォードコーポレーションのフランチャイズ店はわずか1年で15店舗と、急成長を遂げた。

ただし、フランチャイズ店で働く人には、必ず大阪の私の下で約2週間の研修を受けてもらう。

私と、有名インポート店での勤務経験が豊富な副社長の石山進一郎が、ファッションの知識から採寸技術、接客までみっちり教える。

私たちの持つノウハウをすべてお伝えしているので、未経験者でもやる気さえあれば、誰でも開業できる仕組みになっている。むしろ、未経験者は業界の色がついていないので、研修で学んだことを素直に実行できるという強みがある。

向き不向きがあるとすれば、嘘をつく人、拝金主義の人、接客態度が悪いなどクレームを起こしやすい人だ。

他者のために尽くすという「give」の精神に欠けている人たちは、信頼できる人脈を築けないために、開業しても営業面で苦労するだろう。

このような「おもてなし」ができそうもない人たちは、面談の段階で私からお断りしている。

フランチャイズというと、一部の業界ではブラックなシステムのところもあるようだが、オックスフォードコーポレーションのフランチャイズはホワイトだ。

もともと当社は、ＯＥＭ事業をスタートするにあたり、生地の仕入れから工場での生産までの過程において、仲介業者を入れないよう交渉してきた。

オーダー製品は受注から生産まで、すべてワンストップで行っているため、利益を確保しやすい。

現に自分の営業力で受注を増やし、しっかり儲かっているオーナーもいる。

オーダースーツ事業は、始めるまでのハードルは低いが、仕入れやノウハウが命。法人じゃないと取り引きできない生地屋も多くあるので、ノウハウと仕入れルートがしっかりしている当社を選んだほうがオーナーにとってもメリットが大きい。

また、最近では、オーダースーツ店が激増しているが、仕上がりのカッコよさや品揃えの点では、オックスフォードコーポレーションに勝る店はない。

自分で店を始めたいと考えている人は、いずれオーダースーツ店も淘汰される時期がやって来ることと、自分のアイデアだけで新規参入できる業界ではないことを理解しておいてほしい。

今後は、全都道府県に1軒ずつ店舗を置くことが目標だ。

私は、全国のビジネスパーソンに「オックスフォードに行けば、お金をかけなくてもカッコよくなれる」と言われるブランドに育てていきたいと考えている。

オシャレに興味のある人や独立したい人、現在、大手セレクトショップなどで販売員をやっている人などに、ぜひ、私たちの仲間になってもらいたいと思う。

4 経営者としての使命。後進を育て、日本の経済、スポーツ界を活性化させる

事業を立ち上げてから10年。

オックスフォードコーポレーションは順調に業績を伸ばしている。フランチャイズの中には閉店した店舗もあるが、事業としては好調だ。お客様からの紹介も多く、会社全体として毎月の新規顧客数は増え続けている。ここにきてようやく、私は「オーダースーツ屋さんとして、お客様に受け入れられてきた」と実感できるようになった。

仕事を通じて、全国各地の一流経営者やビジネスパーソンと交流する中、私も経営者としての自分について想いを巡らすことが増えていった。会社は軌道に乗ったし、まだまだやりたいこともやるべきこともある。

しかし、経営以外にも、誰かの役に立つことができないだろうか。

考えた末、私は経済やスポーツの分野において社会貢献につながる3つの活動に取り組むと決めた。

1つ目は、経済団体に所属し、地域活性化のための活動の他、若手経営者や起業を目指す若者に知識面でのサポートをすることだ。

現在、一般社団法人大阪青年会議所（JCI Osaka）と公益社団法人日本青年会議所に所属し、経済活動を盛り上げるためのディスカッションや講演などに参加している。講演者として登壇する機会も増えた。

たまに、「経済団体に入ったら儲かるか?」と質問されることがあるが、「そんな団体があったらみんな儲かっている」と答えている。やっぱり、自分自身が意志を持って活動しないと、人脈は広がらないし、時間とお金を消耗するだけになってしまう。

経済団体や異業種交流会などで一流の経営者と知り合えたとしても、そのチャンスをものにできるかどうかは自分次第だからだ。

2つ目は、大好きなサッカーで次世代に「恩送り」をすると決めた。

土日と祝日は、地元のクラブチームで子どもたちにサッカーを教えている。自分が身につけた技術を子どもたちに伝えることで、サッカーの素晴らしさや楽しさを知ってもらいたいし、自分自身を成長させてほしいと思っている。

前日、どんなに帰宅が遅くても、出張明けでも、練習には必ず参加している。

また、大学時代の友人の多くがプロ選手になったこともあり、私も違う形で日本のサッカーを盛り上げていきたいと考え、現在は、Jリーグ加盟を目指すFC大阪（東大阪市）とビーチサッカーチームの明石アレイア（兵庫県）のスポンサーを務めている。

3つ目の活動は、ファッションやアパレル業界の未来を担う若者の育成だ。私は、2018年通信制高校のMODA PAZZO（モーダパッツォ）高等学院を設立し、学院長に就任した。

昨今、SNSなどの発展により、アパレル市場は大きく変化したと感じている。

服は店舗で実物を見て、購入はネットで……という消費者が増えた。作り手側も、自分でブランドを立ち上げ、ＳＮＳで宣伝し、ＥＣショップで販売する人も少なくない。

その一方で、華やかなイメージからアパレル販売員やバイヤーに憧れる若者もいる。

しかし、ますます多様化するアパレル業界で生きていくためには、夢や憧れだけでは通用しない。

私は、未来ある若者には、業界のいいところも悪いところも含め、現実を知った上で夢に向かって力強く進んでほしいと思っている。

そこで私は、自分の販売員から副業、起業までの経験を活かして、アパレル業界を目指す若者を応援しようと考え、ファッションを専門的に学ぶ教育機関の設立に至った。

ＭＯＤＡ　ＰＡＺＺＯ高等学院では、ファッションビジネスを中心に、バイヤーコース、商品企画・ＭＤコースの他、オックスフォードコーポレーションで勤務できるスキルを学ぶコースに加え、中国語と韓国語を学ぶコースを設けた。

また、文部科学省で定められた科目の履修と、スクーリングかレポート提出の課題をクリアすれば、普通科高校と同じ卒業資格が得られる。

学生には、就職や独立の支援もするし、希望があれば当社で活躍してもらう道もある。

近い将来、当校の卒業生たちが販売員として成功したり、デザイナーとしてブランドを立ち上げたりする姿を見るのが、今から楽しみで仕方がない。

「ずいぶん、いろいろなことをやっているな」と思った人が多いと思うが、私はやると決めたことはすべてコミットすると決めている。

もちろん、一番のプライオリティーは仕事で、仕事が順調だからこそ、他のこともやらせてもらえるのだと考えている。そして、その仕事に対する活力を与えてくれるのが、ともに働く仲間や経営者仲間、家族、そして教え子たちだ。

たくさんの人に支えられているからこそ、私はつねに全力で走ることができるのだ。

第6章

「お洒落の押し売り」上等。マグマ小松が目指す未来

1 「マグマ小松」の由来

普段私は、ＳＮＳを活用している。主にインスタグラムが中心で、スーツの着こなしやコーディネートの写真、ストーリーズではサッカー練習や息子、お客様のことなど、日常の出来事をアップしている。

街を歩いているとたまに「マグマさんですよね？」「ファッションチェックいつも見ています」と、フォロワーさんから声を掛けられることが増え、とてもうれしい。

さて、既に気付いている人も多いと思うが、私のニックネームは「マグマ小松」だ。語呂も良く、私自身、大変気に入っているが、由来を聞かれることが多いのでお伝えしようと思う。

アパレル販売員時代に24歳で起業し、レディースのOEM事業をやっていた頃、私は営業からデザインの打ち合せ、海外の工場とのやり取りまで、すべて1人で行っていた。特に海外とのやり取りでは、「日本人は舐められやすいから、見くびられたらあかん！」と思い、小さなトラブルでもめちゃめちゃ怒鳴り散らしていた。その姿を見ていた通訳の女性は、私が怒るたびに「マグマが噴火する」とスタッフに伝えていたそうだ。お陰で、工場内で私のあだ名はマグマになり、スタッフは私にばれないように中国語でマグマと呼んで悪口を言っていたらしい。

この頃、私自身もタレントのなかやまきんに君のネタをアレンジした「筋肉料理研究家のマグマ中山」というキャラを、結婚式の余興などでよく披露していた。以来、いつの間にか周りから「マグマ小松」と呼ばれるようになっていた。

ちなみに、オックスフォードコーポレーションのお客様たちを対象に、定期的に開催している交流会やランチ会も「マグマ会」と呼ばれている。最近では、挨拶の代わりに「マグマってますか？」と声を掛けるのが、周囲で流行しているそうだ。

2 「お洒落の押し売り」上等。日本中をお洒落にする

「マグマ小松」の他に、私はお客様から「お洒落の押し売り」とよく言われる。この呼ばれ方も非常に気に入っていて、自分のキャッチコピーとしている。

私がお洒落を「押し売り」するのは、お客様を「カッコよくする」ことが使命なので上等だ。日本からダサい人を1人でも減らすために、当社は存在しているのだから。

私は、将来的に、オックスフォードコーポレーションを「お洒落の発信基

地」にしたいと考えている。

今後、全都道府県に出店し、日本中の人がカッコよくスーツを着こなせるような文化をつくりたい。スーツ以外でお洒落になる方法や正しいファッションの知識を伝える場として、また、お客様同士が交流することで、いい人脈を築くきっかけがつくれる場でもありたいと思う。

スーツを通じて、人生を豊かにする場所。それがオックスフォードコーポレーションの目指す理想の姿だ。

そもそも、お洒落やファッションとは、人をウキウキさせるものでなければならない。

新しい服に袖を通したときや、お気に入りの服を着たときに、気持ちが弾んだことがあるだろう。

私はその気持ちを、ぜひたくさんの人に持っていてほしいと思う。

最近のアパレル業界は、品質も価格も二極化しているように感じる。お金をかけて「どうだ」とばかりに装うか、安かろう悪かろうの服を着倒すか。私は、そのどちらにも賛成できない。

昨今、アパレル業界全体が著しく衰退している背景には、ＵＮＩＱＬＯの存在が大きく関係していると思う（私自身は、ＵＮＩＱＬＯは安くて高品質のものを提供している素晴らしい会社だと思っている）。しかし、同社は自社生産した商品を卸値に近い価格で販売して、業界№．１の座を勝ち取った。

洋服が安くなったのはいいことだが、本来安く売らなくていいものまで価格競争に巻き込まれたことで、アパレル業界は苦境に陥り、閉店や倒産が相次いだ。

中小企業でもいいものを作ってきたクリエイティブなデザイナーやＭＤに圧倒的な影響を与えたのは事実だと思う。

だからといって、ＵＮＩＱＬＯを敵視しても仕方がないし、共存の道を探る必要もない。

私は当社にしかない強みやブランディングで、激戦のアパレル業界を生き抜いていきたいと考えている。

ゆくゆくはＩＰＯ（新規上場株式）を実現し、これまでのスーツ専門店と一線を画す存在になるつもりだ。

だから私は、これまで大手アパレル会社がないがしろにしてきたファッション本来の意味と役割を果たす服を、お客様に届けたい。

アナログと言われても、一人ひとりの個性を際立たせ、カッコよくするための服を作り続けていきたいと思う。

それがいつか、オーダースーツ店の新たなスタンダードとして社会に認められる日が来ることを願っている。

3 オックスフォードのスーツがあなたの人生を変える

起業してからの10年を振り返ると、私は、自分の好きなことを仕事にして、やりがいも誇りもあり、家族がいて、たくさんの仲間がいて、本当に素晴らしい人生を歩んでいると思う。

経営者仲間にも恵まれ、「あの人のように稼ぎたい！」「この人のように仲間を大切にできる人になりたい！」とロールモデルと言える人たちが周りに大勢いることも、ありがたいことだ。

人それぞれ、人生のプライオリティーや価値観が違うので一概には言えないが、もし、あなたも自分の好きなことを仕事にして、やりがいと誇りを持ち、家族と仲間に囲まれた人生を望んでいるなら——。

ぜひ、スーツをオーダーすることから始めてみてはいかがだろうか。


スーツを変えれば、自分に自信が持てる。

出会う人が変わる。

新たな人脈ができる。

そして、あなた自身の人生も変わる。

ファッションにはそういう力があることを、1秒でも早く、あなたにも実感してほしい。


さあ、今からもう一度、鏡の前に立ってみよう。

「あれ？　俺ってダサい？」と思ったら、今すぐオックスフォードコーポレーションへ来なさい。

あなたには既に、「カッコいい男」になる覚悟があるはずだ。

おわりに

この本に最後までお付き合いいただきまして、ありがとうございます。

私が、常日頃、感じていること、考えていること、大好きなファッションを通じて伝えたいことを、思いのまま、書かせていただきました。

大学を卒業して、この業界に入り、これまでお客さまと接してきながら、見た目で損をしている人、間違った情報を信じてしまっている人、流行に踊らされている人など……本当に残念な人を数多く見てきました。

また、逆に、仕事がうまくいっている人、ビジネスに成功している人、公私ともに順調な人たちにも接することで、彼らに共通している点も見えてきました。

それは……

彼らは、必ずと言っていいほど、自分を知っており、きちんと身体にフィットした服を着ているのです。

そして、そのせいか、物腰が柔らかかったり、所作がスマートであったり、「また、会いたい」とか「もっと話したい」と思わせるのです。

みなさんも、身にまとうもので、自らの雰囲気が変わったり、言動が変わったりしたことを経験したことがあるかと思います。

私は、「スーツとは、着る人に自信を与えるものでなければならない」と、お客さまには、「正しい知識」を身につけてもらいながら、その人の体型に合ったものを生地からチョイスし、「カッコよく見せるものしか作らないし、販売しない」ということを徹底してきました。

そして、（本書でごく一部を紹介しましたが）見事にビジネスで成功した人を目の当たりにしてきました。

「正しい知識」を身につけ、自分の見せ方を知れば、誰でも輝くことができるのです。

そして、このオックスフォードコーポレーションには、あなたを輝かせる術があるのです。

最後に、この場を借りて、私についてきてくれている社員、ＦＣ店に携わってくれている方たちに感謝をしたい。

そして何より愛する家族にも。
ありがとう。

株式会社オックスフォードコーポレーション
代表取締役社長　マグマ小松

●著者プロフィール

マグマ小松（小松 直哉）

1984年生まれ。京都府京都市出身。

久御山高等学校時代は全国高校サッカー選手権大会に出場、京都国体選抜に選出。

びわこ成蹊スポーツ大学へ進学、天皇杯へ2度出場。

プロへの道をあきらめ、株式会社フランドルへ入社、阪急百貨店本店INED HOMMEへ配属。メンズ館オープンにあたり新店舗へ異動。

1年目に新人賞、2年目には全国販売トップセールス賞を受賞。

在職中にオックスフォードコーポレーションを立ち上げる。

その後レディースブランドINEDへ異動し日本2番店で販売スタッフとして従事。会社が軌道に乗り始めたため退職。婦人服の卸業を主に営んでいたが、自分の好きなことを仕事にしたいとオーダースーツ事業開始。婦人服卸業、制服事業、オーダースーツ事業の3つの事業を展開。

YouTubeチャンネルやオンラインサロンを立ち上げ、コミュニティを築いている。

青年会議所をはじめとする全国規模の団体でも活躍している。

【購入者特典】

本書を購入していただいた方から
抽選で５名さまに
マグマ小松厳選！ ビジネスネクタイを
プレゼント！
ご希望の方は、下記LINEにてお申込み
ください。

LINE：https://bit.ly/3yc8eKe

本文に
　プレゼント希望
　①氏名
　②年齢
　③職業
を記入の上、お申込みください。

■株式会社OXFORD corporation.

HP：http://oxford-corporation.com/

Instagram：@magumakomatsu

MAGUMAKOMATSU

今あるスーツを捨てなさい
全国20店舗以上FC展開・年間5000着販売する
オーダースーツ社長が教える
売れる営業マンの着こなし術

2021年9月10日　初版第1刷発行

著　　者／マグマ小松
発 行 者／赤井　仁
発 行 所／ゴマブックス株式会社
〒153-0064
東京都目黒区下目黒1丁目8番1号
アルコタワー7階
印刷・製本／日本ハイコム株式会社
編集協力／高橋奈巳

ISBN978-4-8149-2246-8